essentials

essentials liefern aktuelles Wissen in konzentrierter Form. Die Essenz dessen, worauf es als „State-of-the-Art" in der gegenwärtigen Fachdiskussion oder in der Praxis ankommt. *essentials* informieren schnell, unkompliziert und verständlich

- als Einführung in ein aktuelles Thema aus Ihrem Fachgebiet
- als Einstieg in ein für Sie noch unbekanntes Themenfeld
- als Einblick, um zum Thema mitreden zu können

Die Bücher in elektronischer und gedruckter Form bringen das Expertenwissen von Springer-Fachautoren kompakt zur Darstellung. Sie sind besonders für die Nutzung als eBook auf Tablet-PCs, eBook-Readern und Smartphones geeignet. *essentials:* Wissensbausteine aus den Wirtschafts-, Sozial- und Geisteswissenschaften, aus Technik und Naturwissenschaften sowie aus Medizin, Psychologie und Gesundheitsberufen. Von renommierten Autoren aller Springer-Verlagsmarken.

Weitere Bände in der Reihe http://www.springer.com/series/13088

Jean L. Saliba

Vertragsmanagement

Grundlagen zum gesteuerten
Umgang mit Verträgen in
Unternehmen

Jean L. Saliba
Köln, Deutschland

ISSN 2197-6708   ISSN 2197-6716   (electronic)
essentials
ISBN 978-3-658-27286-9   ISBN 978-3-658-27287-6   (eBook)
https://doi.org/10.1007/978-3-658-27287-6

Die Deutsche Nationalbibliothek verzeichnet diese Publikation in der Deutschen Nationalbibliografie; detaillierte bibliografische Daten sind im Internet über http://dnb.d-nb.de abrufbar.

Springer Gabler ist ein Imprint der eingetragenen Gesellschaft Springer Fachmedien Wiesbaden GmbH und ist ein Teil von Springer Nature
Die Anschrift der Gesellschaft ist: Abraham-Lincoln-Str. 46, 65189 Wiesbaden, Germany

Was Sie in diesem *essential* finden können

- Gründe zum Vorhalten und Ziele eines Vertragsmanagement-Systems
- Strategische und operative Erwägungen im Zusammenhang mit der Umsetzung
- Grund-konzeptioneller Vorschlag für den Aufbau eines Vertragsmanagement-Systems
- Aufbau einer flankierenden internen Richtlinie (SOP)
- Anbindung des Vertragsmanagements an andere Management-Systeme

Vorwort

Regulatorische Anforderungen innerhalb und außerhalb der Europäischen Union betreffen zunehmend auch Unternehmen, ganz unabhängig von der Branche. Mit neuen Regularien gehen wegen möglicher inadäquater Bedienung derselben auch Risiken einher. Neben direkten und indirekten Risiken entsteht in Unternehmen, je nach Wirtschaftslage, Kostendruck und damit in nahezu jeder Abteilung eines Unternehmens die Notwendigkeit Strukturen und Prozesse auf ihre Effizienz zu überprüfen. Eine solche Überprüfung betrifft insbesondere Strukturen, die stark frequentiert werden. Weil regulatorisch und betriebswirtschaftlich bedeutsame Vorgänge regelmäßig in Verträgen abgebildet werden, stehen Strukturen und Prozesse rund um Verträge in besonderem Maße im Fokus.

Die ordnungsgemäße Erfüllung gesetzlicher Vorgaben und das Ausschöpfen vertraglicher Potenziale erfordert neben einer adäquaten inhaltlichen Gestaltung der Verträge auch eine gehörige Organisation des Umgangs mit Verträgen. Die Organisation wird ihrerseits nur dann gelingen, wenn der Organisator ein ganzheitliches Bild der für die Organisation erforderlichen Elemente vor Augen hat.

Die in diesem *essential* dargestellten Ansätze zur Organisation eines Vertragswesens sind von hoher praktischer Relevanz und gehen auf Projektleitungserfahrungen des Autors als Inhouse-Counsel und aus Kooperationen mit diversen Unternehmen unterschiedlicher Branchen zurück. Zudem lässt der Autor Erfahrungen aus der seit 2018 ausgeübten Dozententätigkeit zum Thema „Industrie 4.0" in das Werk einfließen.

Köln　　　　　　　　　　　　　　　　　　　　　Jean L. Saliba, LL.M.
Juni 2019

Inhaltsverzeichnis

Vertragsmanagement 1

Verträge fallen in jeder Form von Wirtschaftsunternehmen an, seien die Unternehmen privat- oder öffentlich-rechtlich organisiert. Verträge bilden dabei die rechtlichen und wirtschaftlichen Maßgaben für die Beziehung zu anderen Wirtschaftsteilnehmern in verbindlicher Weise ab. Die für die Akteure wesentlichsten wirtschaftlichen und rechtlichen Fragestellungen sollten in Verträgen beantwortet werden. Je nach Branche und Regulierung ist der Abschluss von Verträgen sogar verpflichtend.

Daher finden sich in vertraglichen Grundlagen regelmäßig Regelungen zu monetären und quantitativen Konditionen, zur Laufzeit des betriebswirtschaftlich wirkenden Wechselspiels zwischen Leistung und Gegenleistung wie auch Regelungen zu damit einhergehenden Kündigungsmöglichkeiten. Aber auch und insbesondere der nicht-reibungslose Ablauf wird durch vertragliche Grundlagen adressiert, die sogenannten Leistungsstörungen. Wird der Umgang mit Verträgen entsprechend organisiert, bieten sie mit Blick auf alle sich aus ihnen ergebenden Chancen und Risiken entsprechende Gestaltungsmöglichkeiten. Wer keinen bewussten Umgang mit Verträgen pflegt, der nutzt diese Möglichkeiten gegebenenfalls nicht. Dabei genügt nicht jede Art von Umgang mit Verträgen, um in den Genuss etwaiger Potenziale zu gelangen. Irgendeine (in der Regel unzureichende) Form von Umgang mit Verträgen findet ohnehin statt. Beim Vertragsmanagement geht es um den systemisch geplanten und geordneten Umgang mit Verträgen, um alle sich aus ihnen und im Umgang mit ihnen ergebenden Aspekte gewinnbringend für das Unternehmen nutzen zu können.

Die vorliegende Darstellung verdeutlicht, welche Potenziale im Einzelnen (in der Regel) verborgen bleiben, wenn man sich dem ungeordneten Umgang mit Verträgen hingibt. Die Ordnung des Umgangs mit Verträgen und damit korrespondierend die Einführung eines Vertragsmanagement-Systems sollte im juristisch-ökonomischen

Interesse einer jeden Wirtschaftsunternehmung liegen, ganz gleich wie trivial sich Verträge präsentieren mögen.

Für ein besseres Verständnis soll im Rahmen der vorliegenden Darstellung daher der Begriff des Vertrags und der des Vertragsmanagements vorangestellt werden (Kap. 2). Sodann wird die typische Umgebung von Vertragsverhältnissen (= Unternehmen) (Kap. 3) erläutert. Ehe auf die Einführung eines ordnenden Management-Systems eingegangen wird, wird das Erfordernis zur Einführung desselben skizziert (Kap. 4). Auf Grundlage dieser Beschreibungen wird die Einführung anhand möglicher strategischer Vorüberlegungen (Kap. 5), eines Ansatzes zur Realisierung (Kap. 6) und der konkreten betrieblichen Ausgestaltung beschrieben (Kap. 7 und 8).

Grundbegriffe 2

Für die Einführung eines adäquaten Vertragsmanagements ist von grundlegender Bedeutung ein Verständnis vom Begriff des Vertragsmanagements selbst zu haben. Denn nicht selten werden aus aktuellen Diskussionen um das Vertragsmanagement Begrifflichkeiten aus ihrem Kontext gerissen und schlimmstenfalls auf Basis eines unrichtigen Verständnisses sogar weiterentwickelt. Neben einem daraus resultierenden inadäquaten fachlichen Austausch wird es auf einer solchen Basis auch schwierig, ein das Thema begleitendes Projekt zu kommunizieren, etwa im Rahmen des Projektmarketings. Daher soll dargestellt werden, was unter Verträgen einerseits und dem Begriff des Managements andererseits zu verstehen ist.

2.1 Verträge

In der Regel schließen Unternehmen schon jedes Mal dann Verträge, wenn sie einen Leistungsaustausch mit einem Leistungserbringer oder -empfänger planen. Ohne ausgetauschte Leistungen in Form von Waren oder Dienstleistungen kann es in der Regel nicht zu signifikanten betriebswirtschaftlichen Effekten in einem Unternehmen kommen. Folglich sind Verträge die Basis für das betriebswirtschaftliche und rechtliche Handeln in allen Organisationseinheiten eines Unternehmens. Sie bilden die Grundlage für alle Geschäftsprozesse und den damit verbundenen Geschäftsbeziehungen mit potenziellen Vertragspartnern (zur Bedeutung von Verträgen: Heussen 2014).

Schon ein praxisnahes Verständnis von dem, was unter einem Vertrag zu verstehen ist, stellt eine wesentliche Herausforderung dar. Juristisch ausgebildetem Personal mag es ganz überwiegend gelingen, diese Herausforderung zu meistern. Die Mehrheit derer, die mit Verträgen in Berührung kommen beziehungsweise

© Springer Fachmedien Wiesbaden GmbH, ein Teil von Springer Nature 2019
J. L. Saliba, *Vertragsmanagement,* essentials,
https://doi.org/10.1007/978-3-658-27287-6_2

vertragliche Schuldverhältnisse begründen, sind jedoch keine Juristen. Dies mag zunächst verwunderlich klingen. Deutlich wird dies jedoch spätestens dann, wenn man sich vor Augen führt, was ein Vertrag ist und wie schnell ein solcher (nicht nur in Unternehmen) zustande kommen kann.

Unter einem Vertrag wird gemeinhin ein Schuldverhältnis verstanden, aus dem wenigstens der eine vertragsschließende Teil vom anderen vertragsschließenden Teil etwas zu fordern berechtigt ist. Diese Definition von einem Vertrag hilft nur bedingt weiter. Sie sagt nichts über die Häufigkeit des Vorkommens von Verträgen aus. Was aber durchaus praxisrelevant ist. Die Bedeutung von Vertragsmanagement tritt vielmehr dann zutage, wenn man sich vor Augen führt, unter welchen Voraussetzungen ein Vertrag zustande kommen kann. Denn dies zeigt, dass wir viel häufiger Verträge eingehen, als es uns bewusst ist.

▶ Ein Vertrag kommt durch zwei inhaltlich übereinstimmende, mit Bezug aufeinander abgegebene Willenserklärungen (Angebot beziehungsweise Antrag und Annahme), zustande. Für einen Vertrag bedarf es nicht weniger. Aber eben auch nicht mehr.

2.2   (Vertrags-)Management

Im Lichte des Vorstehenden gewinnt dann der Begriff des Managements an grundlegender Bedeutung. Um dem Risiko eines ungewollten Vertragsschlusses oder Vorteilen aus einem gewollten Vertragsschluss überhaupt Herr werden zu können, bedarf es einer gewissen Organisation der Vertragsumgebung. Im Zusammenhang mit Verträgen meint dies nichts anderes als das Vertragsmanagement selbst.

Es ist bisweilen nicht einheitlich geklärt, was unter diesem Begriff zu verstehen ist. Die Definitionsansätze liegen mitunter weit auseinander. Ein sehr einschränkender Ansatz nennt ausdrücklich eine das Vertragsmanagement prägende Komponente: Vertragsgestaltung (Wannewetsch 2013, S. 229). Dies erscheint zu eng gefasst vor dem Hintergrund, dass wesentliche und oft aufgegriffene Komponenten schlichtweg fehlen. Treffender erscheint ein Definitionsansatz, welcher Vertragsmanagement als die Gesamtheit aller planerischen und organisatorischen Tätigkeiten ansieht, die dazu dienen, den Vertrag zu gestalten und zu realisieren (Heussen 2014, S. 23). Auf einen großen gemeinsamen Nenner vieler dezidierter Definitionsansätze reduziert, meint Vertragsmanagement organisatorische und/oder kontrollierende und/oder dokumentarische Tätigkeiten im Rahmen des

Vertragslebenszyklus, aber auch in vor und nach dem Lebenszyklus liegenden Phasen. Vertragsmanagement erschöpft sich nicht in einer einzelnen Handlung. Vielmehr ist darunter ein Bündel an Tätigkeiten zu verstehen. Diese reichen von der Vertragsplanung über die Vertragsprüfung und Risikoerfassung und -bewertung sowie die Vertragsüberwachung bis hin zur Vertragsdokumentation beziehungsweise -archivierung.

▶ Aufgrund der umfangreichen erfassten Tätigkeiten sowohl in tatsächlicher als auch in zeitlicher Hinsicht kann Vertragsmanagement als organisatorische, kontrollierende und dokumentierende Tätigkeit, die der Festlegung und Umsetzung der Verträge und ihrer Vertragsziele dient, umrissen werden (Ritter 2016, S. 40).

Vertragsverhältnisse in Unternehmen 3

Ist ein adäquates Verständnis von einem Vertrag erst einmal vorhanden, weil die mit Verträgen in Berührung kommenden Mitarbeiter in Unternehmen dahin gehend sensibilisiert sind, ist damit zwar nur ein kleiner Schritt getan, jedoch ein wichtiger. Denn Vertragsverhältnisse kommen in kaum überschaubarer Anzahl in Unternehmen vor. Verträge berühren nahezu jeden Unternehmensteil zu jeder Zeit. Sie begleiten organisatorische Einheiten eines Unternehmens von der Gründungs- bis zur Beendigungsphase.

Zwischen Gründung und Beendigung begleiten Verträge sämtliche geschäftlichen Aktivitäten einer unternehmerischen Einheit. Schon die Interessenbekundung an einem Geschäft, an einem (fremden) Geschäftsteil oder an einer Kooperation wird in vielen Branchen von einem vertraglichen Schuldverhältnis begleitet. Häufig geschieht dies durch den Abschluss eines Geheimhaltungsvertrags/-abkommens. Geheimhaltungsverträge bilden bei vorangetriebenen Geschäftsbeziehungen häufig den Startschuss für weitere vertragliche Aktivitäten. Sind die geheimhaltungsbedürftigen Informationen ausgetauscht und wollen die Parteien die geschäftliche Interaktion weiterentwickeln, folgen ein oder mehrere Hauptverträge. Je nach Regulierungsgrad des betroffenen Geschäftsfelds können zum Abschluss des geplanten Rechtsgeschäfts zu den erforderlichen Hauptverträgen ein oder mehrere Begleitverträge hinzukommen. Es ist nicht ungewöhnlich, dass eine geschäftliche Beziehung von einer Fülle an Verträgen flankiert wird, ehe es zum eigentlich geplanten (Haupt-)Leistungsaustausch kommt.

> **Beispiel**
>
> Ein Unternehmen plant die Einführung eines pharmazeutischen Präparats. Ein gewisses Know-how existiert bereits im eigenen Hause. Der Rest des erforderlichen Know-hows soll *eingekauft* werden. Das Know-how ist bei dem Unternehmen vorhanden, welches später auch das entsprechende Präparat in Lohn fertigen soll.

© Springer Fachmedien Wiesbaden GmbH, ein Teil von Springer Nature 2019
J. L. Saliba, *Vertragsmanagement,* essentials,
https://doi.org/10.1007/978-3-658-27287-6_3

Die Unternehmen werden sich für den ersten Informationsaustausch für gewöhnlich durch eine Geheimhaltungsvereinbarung absichern. Sollte das Interesse weiterhin bestehen, kann es sein, dass eine Lizenzvereinbarung geschlossen wird, die dem Auftraggeber ein Recht an dem Know-how des Auftragnehmers zusichert. Es wäre auch möglich, dies im dann geplanten (kaufmännischen) Lohnherstellungsvertrag zu inkludieren, der in jedem Fall geschlossen würde. Parallel zu dieser kaufmännischen Vertragsgrundlage wird ein sogenannter Verantwortungsabgrenzungsvertrag erforderlich, der die Verantwortlichkeiten zwischen den Beteiligten klar regelt, weil dies regulatorisch so vorgesehen ist.

Weitere vertragliche Grundlagen können erforderlich werden, sobald die Parteien die geschäftliche Beziehung ausweiten.

Schon an dieser Stelle sei angemerkt, dass jeder dieser Verträge einen selbstständig zu berücksichtigenden Aufwand nach sich zieht (dazu mehr in Abschn. 6.2).

Es ist essenziell, sich vor Augen zu führen, in welchem Zusammenhang Verträge und betriebswirtschaftliche und/oder regulatorische Operationen stehen: Verträge werden nicht um ihrer selbst willen geschlossen. Verträge bilden letztlich ab, was die Parteien nach ihrem gemeinsamen Verständnis und nach vorausgegangenen Verhandlungen diesbezüglich für sinnvoll, vertretbar realisierbar und vorteilhaft erachten. Dreierlei will umgesetzt und „gelebt" werden. Die geschaffenen vertraglichen Grundlagen bilden dafür nicht nur den rechtlichen Rahmen, sondern auch eine Art Handlungsanleitung für die geschäftliche Beziehung – so sie denn in diesem Bewusstsein gestaltet wurden.

Wie die vertragsschließenden organisatorischen Einheiten selbst unterliegen Verträge, je nach Vertragsart, Veränderungen. Mit der Unterschrift unter den Vertrag ist dessen Lebenszyklus mithin nicht an einem Ende angelangt. Verträge wollen gegebenenfalls im Laufe einer Geschäftsbeziehung verlängert und/oder ergänzt werden.

Erfordernis zum Vorhalten eines Vertragsmanagement-Systems 4

Ausgehend von dem Umstand, dass jeder irgendwie geartete Umgang mit Verträgen, Vertragsdokumenten und den Vertragsverhältnissen eine Form von Vertragsmanagement darstellt (weites Verständnis), ist das Erfordernis einer entsprechenden (Neu-)Ausrichtung als Management-System zu hinterfragen. Wer ein Vertragsmanagement-System einzuführen plant, wird früher oder später ohnehin nach dem Erfordernis einer solchen Maßnahme gefragt werden. Es macht daher Sinn sich mit diesen berechtigten Fragen frühzeitig zu beschäftigen.

Vertragsverhältnisse stellen mehr als nur die Basis wirtschaftlichen Handelns mit potenziellen und aktiven Geschäftspartnern dar. Der systematisierte und geordnete Umgang mit Verträgen bietet einen Mehrwert für die unmittelbar betroffene organisatorische Einheit und damit für das Unternehmen als solches. Argumentativ überschlagen sich etwaige Projektleiter bei der Rechtfertigung ihres Vorhabens, was unnötig ist. Denn es lassen sich Bereiche ausmachen, unter die sich die Kernargumente ohne Weiteres einsortieren lassen.

4.1 Pflichten

Eine sehr häufige Fehlvorstellung im Zusammenhang mit förderbaren Potenzialen für Unternehmen ist, dass sich selbige von vornherein in einem monetären Wert offenbaren. Dem ist schlichtweg nicht so. Soweit es sich um nicht-kaufmännische Aspekte handelt, müssen Mehrwerte sogar regelmäßig erst noch monetarisiert werden. Dies gelingt in den meisten Fällen. Es verbleiben jedoch Aspekte, für die es keinen spürbaren *„return on invest"* gibt.

Die sogenannten *„cost of doing business"* können sich beispielsweise dadurch erhöhen, dass der Gesetzgeber regulatorische Anforderungen verschärft oder neu einführt. Die Erfüllung dieser Anforderungen zieht in der Regel keinen spürbaren

© Springer Fachmedien Wiesbaden GmbH, ein Teil von Springer Nature 2019
J. L. Saliba, *Vertragsmanagement,* essentials,
https://doi.org/10.1007/978-3-658-27287-6_4

Ertrag nach sich, sondern kostet scheinbar einfach nur Aufwand und damit letztlich Geld.

Pflichten zum Vorhalten eines Vertragsmanagement-Systems können dabei aus unterschiedlichsten Bereichen abgeleitet werden: vertragliche Regelungen, gesetzliche Vorgaben, Rechtsprechung (Heinrich et al. 2014, S. 306).

Immer häufiger finden sich in Verträgen Regelungen zum Vorhalten von Compliance-Management-Systemen. Geschäftspartner fordern dies bei Abschluss eines Vertrags vom Gegenüber, weil sie selbst von Gesetzes wegen dazu angehalten sind, sich selbst einer Vereinigung anschließen, die sich dies zum Zwecke der Prävention auferlegt hat oder dies aufgrund interner Bestimmungen so wollen (bspw. einem Code of Conduct). Compliance-Management-Systeme folgen dabei im Kern der ISO19600 (ergänzend DIN ISO 14001, ONR 192050 und IDW PS 980) als dem größten gemeinsamen Nenner. Die Bewertung von Risiken steht dabei im Mittelpunkt. Um (vertragliche) Risiken bewerten zu können, müssen diese erfasst und auswertbar gemacht werden. Man halte sich vor Augen wie dies in Bezug auf Vertragsverhältnisse und aus Verträgen resultierende Risiken aussähe, wenn man nicht weiß, wo im Unternehmen in welcher Anzahl Verträge anfallen, wie diese inhaltlich ausgestaltet sind und ob alle aus dem Vertrag betroffenen Organisationseinheiten bei deren Verhandlung eingebunden wurden. Das Erfordernis zum Vorhalten eines Compliance-Management-Systems berührt daher zwangsläufig auch Vertragsverhältnisse. Die Pflicht mit Verträgen geordnet umzugehen, kann sich jedoch auch aus etwaiger Rechtsprechung ergeben. So hat der Bundesgerichtshof in jüngerer Zeit (BGH, Urt. v. 09.05.17, 1 StR 265/16.) das Vorhandensein eines effizienten Compliance-Management-Systems als bußgeldmindernd berücksichtigt. Von einem effizient arbeitenden Compliance-Management-System wird freilich nicht die Rede sein, wenn der Inhaber eines Unternehmens den Überblick über seine aktiven Vertragsverhältnisse nicht hat. Die Pflicht zur Erfassung und Auswertung von (auch vertraglichen) Risiken ist zur Überraschung Vieler jedoch nicht neu. Schon das Reichsgericht verpflichtete Vorstände darauf, sich aktiv Informationen über Risikofaktoren durch ein Meldesystem selbst zu beschaffen, auch wenn die Risikofaktoren versteckt und nicht offensichtlich sind (Organisationspflicht) (Rack 2013, mit Verweis auf: RG, 14.12.1911 – VI 75/11, RGZ 78, 107). Unter gewissen Voraussetzungen können sogar rechtliche Nebenpflichten beim Vertragsmanagement bestehen (Ritter 2016, S. 89 ff.).

Die Pflicht zum Vorhalten eines entsprechenden Management-Systems kann sich aber auch direkt aus rechtlichen Regelungen ergeben. Solche existieren bspw. für die pharmazeutische Industrie. So sieht § 9 Abs. 1 der Arzneimittel- und Wirkstoffherstellungsverordnung (Verordnung über die Anwendung der Guten Herstellungspraxis bei der Herstellung von Arzneimitteln und Wirkstoffen und über die Anwendung der Guten fachlichen Praxis bei der Herstellung von Produkten menschlicher Herkunft – AMWHV) (ergänzend: Art. 12 der Richtlinie (EU) 2017/1572; Leitfaden zur Guten Herstellungspraxis für Arzneimittel, Kap. 7, „Herstellung und Prüfung im Lohnauftrag") vor:

§ 9 Abs. 1 AMWHV

Für jede Tätigkeit im Auftrag, insbesondere die Herstellung, Prüfung und das Inverkehrbringen oder jeden damit verbundenen Vorgang, der im Auftrag ausgeführt wird, muss ein schriftlicher Vertrag zwischen Auftraggeber und Auftragnehmer bestehen. In dem Vertrag müssen die Verantwortlichkeiten jeder Seite klar festgelegt und insbesondere die Einhaltung der Guten Herstellungspraxis in den Fällen des § 3 Abs. 2 oder der Guten fachlichen Praxis in den Fällen des § 3 Abs. 3 geregelt sein.

Die sich aus dieser Regelung ergebende Pflicht zum Abschluss eines Vertrags zieht nach sich, dass der Abschluss selbst, die Ausgestaltung und die Aktualität des Vertrags überwacht werden. Die konkrete Ausgestaltung mal außen vor – dies kann nur durch Vertragsmanagement geschehen.

Lässt sich der Mehrwert der Bedienung dieser Pflichten auch nicht immer in einem unmittelbaren monetären Mehrwert artikulieren, so besteht er gleichwohl in Form von Treue gegenüber Regeln aus Verträgen, dem Gesetz, internen oder externen Richtlinien oder der Rechtsprechung und damit der Vermeidung von Kosten durch regelwidriges Verhalten (bspw. geltend gemachter Schadenersatz durch den Vertragspartner o. Bußgelder).

4.2 Unmittelbarer Nutzen

Deutlicher noch treten Mehrwerte zutage, wenn sie der Kategorie des unmittelbaren Nutzens unterfallen. Der systematische Umgang mit Vertragsverhältnissen vermeidet insbesondere unnötigen zeitlichen Aufwand. Schon die (Teil-)Zentralisierung (je nach gewähltem Modell) der Vertragsverwaltung gewährleistet einen reibungsloseren und damit deutlich schnelleren Umgang mit Verträgen. Zugriffszeiten werden verkürzt und der sonst vorhandene Rechercheaufwand (etwa durch Telefonate, Meta-Suchen auf Laufwerken oder zeitfressenden Meetings zur „Klärung der aktuellen vertraglichen Situation") minimiert. Zeitlicher Aufwand wird ferner durch uneinheitliche Kommunikation verursacht. Dies meint insbesondere Mailings mit mehreren Adressaten, uneinheitlich benannten Vertragsdateien/Annexen, ohne Vorgabe eines iterativen Bearbeitungsprozesses. Prozessuale Vorgaben in diesem Bereich ziehen aufgrund der Masse an Verträgen, wie sie in Unternehmen vorkommen, regelmäßig massive Zeitersparnisse nach sich.

Ein weiterer unmittelbarer Nutzen, der sich aus der bewusst (teil-)zentralisierten Verwaltung von Vertragsverhältnissen ergibt, ist die Informationstransparenz (Kähler 2014, S. 175). Das Wissen um das Vorhandensein von Vertragsverhältnissen sollte nicht dem Zufall überlassen sein. Ohne eine adäquate Organisation ist dies jedoch der Fall. Nicht selten werden unnötig viele Verträge mit identischen Geschäftspartnern abgeschlossen, weil man nichts von einem bereits existierenden Rahmenvertragsverhältnis wusste, auf das man hätte aufsetzen können.

4.3   Chancen

Bleiben wir bei dem eben erwähnten Beispiel: Aufgrund einer zumindest teilzentralen Organisation ergibt sich eine gewisse Informationstransparenz. Dies kann Konsequenzen haben. Es ergibt sich für etwaige Preisverhandlungen mit dem Vertragspartner ein neues Verhandlungsgefüge. Denn selbstverständlich lassen sich Preise auf ein anderes Niveau steuern, wenn die Dimension der abgenommenen Leistungen um ein Vielfaches höher ist. Eine Garantie gibt es dafür freilich nicht. Daher handelt es sich nicht um einen unmittelbaren Nutzen. Um eine Chance für nutzbare Synergien jedoch allemal.

Durch die Einführung eines Vertragsmanagements werden vertragliche Anspruchsgrundlagen gebündelt. Diese neu gewonnene (zentrale) Informationsbasis ermöglicht es, hierauf referenzierend im Konflikt- oder Schadensfall Ansprüche (Claims) (Brauweiler 2015, S. 3) geltend zu machen. Das Aufsetzen eines entsprechenden Claimmanagements würde die hier *gewonnenen* Informationen voraussetzen.

Eine Klarstellung ist gedanklich an dieser Stelle vonnöten: Die bislang angestellten Überlegungen sprechen noch nicht von einer Digitalisierung des geplanten Vertragsmanagement-Systems. Auch, wenn dieser Schritt erwogen werden sollte. Kommt es zur Digitalisierung, macht es Sinn eine weitere Chance ins Licht zu rücken – die digitale Flexibilität. Gut geplant und umgesetzt sollte ein angeschafftes Tool sich nicht im Bereich der Verträge erschöpfen. Eng mit dem Bereich der Verträge verzahnte Gebiete oder auch ganze Teilbereiche der Rechtsabteilung sollten modular berücksichtigt werden (vergleiche dazu Kap. 8). Ob man die Chance dann auch ergreift, weitere Bereiche zu digitalisieren, dürfte insbesondere von Faktoren abhängen, die im nächsten Kapitel angesprochen werden.

Strategische Vorüberlegungen 5

Es könnte so einfach sein. Man macht sich ein paar Gedanken über das Vertragsmanagement, bestenfalls noch über die Digitalisierung desselben, führt ein paar Prozesse ein und erstellt die wichtigsten Vertragsvorlagen. Das wäre am Ende des Tages jedoch nichts als schlechtes Handwerk, weil ein solches Vorgehen an mehreren Stellen Schwächen offenbart.

5.1 Herausforderungen des Unternehmens

Sich über die Einführung eines Vertragsmanagements Gedanken zu machen erfordert ein Bewusstsein darüber, dass das Vertragsmanagement, so es denn (zumindest in Teilen) in der Rechtsabteilung angesiedelt ist, einen Teil der Rechtsabteilung darstellt. Die Rechtsabteilung, soweit eine solche Struktur gewählt wurde, ist Teil eines Bereichs (beispielsweise: LPCD/Law, Patents, Compliance & Data Protection). Der Bereich wiederum arbeitet nicht um seiner selbst willen, sondern ist ein Zahnrad im Gefüge namens „Shared Functions", das in seiner Gesamtheit einem Wirtschaftsunternehmen in einem Unternehmensverbund dienen kann. Wer diese Komplexität außer Acht lässt, denkt zu kurz. Wer Veränderungen ignoriert, welche die eben aufgezählten übergeordneten Bereiche betreffen, konzentriert sich womöglich auf nicht oder nicht mehr relevante Prozesse oder lässt solche außer Acht, die einmal relevant werden könnten.

Ein Unternehmen etwa, das sich vorgenommen hat international (gegebenenfalls stärker) Präsenz zu zeigen, wird sich signifikant anderslautenden und inhaltlich anders zu gestaltenden Verträgen zu widmen haben. Mit Blick auf die enorm verschärfte und noch relativ junge Rechtsprechung des Bundesgerichtshofs (BGH, NZBau 2016, 213; BGH, NJW 2013, 856) in Sachen AGB-Recht

© Springer Fachmedien Wiesbaden GmbH, ein Teil von Springer Nature 2019 13
J. L. Saliba, *Vertragsmanagement,* essentials,
https://doi.org/10.1007/978-3-658-27287-6_5

sind Unternehmen gut beraten, Vertragsvorlagen auf nicht irgendeinem, sondern dem aktuellsten Aktualisierungsstand zu nutzen. Wird das Produktportfolio in absehbarer Zeit stark verändert, gilt es sich gegebenenfalls völlig neuen Vertragsarten zu widmen oder völlig neue regulatorische Anforderungen in Verträgen zu berücksichtigen. Wird im Rahmen eines Change-Prozesses eine Expansions-Politik forciert oder steht „Cost-Cutting" auf der Agenda? In beiden Fällen sind Veränderungen in Abteilungen zu erwarten. Dies kann dazu führen, dass mehr oder weniger Ansprechpartner in einem Abstimmungsprozess zu berücksichtigen sind. Gleiches gilt im Falle anstehender regulatorischer Veränderungen bei sonst gleichbleibendem Portfolio. So treibt der Datenschutz fast unabhängig von Branche und Größe fast jedes Unternehmen um. Etwaige Anforderungen sind mitunter vertraglich abzubilden.

▶   Es ist so einfach wie komplex: Wer die Richtung nicht kennt, in die das Unternehmen (oder Unternehmensteile) gehen möchte, der kann nicht wissen, ob der selbst beschrittene Weg der richtige ist.

5.2   Strategie der Rechtsabteilung

Was für das Unternehmen und auch für Unternehmensteile gilt, gilt freilich auch für die Rechtsabteilung selbst. Losgelöst von einer etwaigen (übergeordneten) Rahmenstrategie des Unternehmens und der Teilstrategie einzelner Unternehmensteile, verfolgt gegebenenfalls auch die Rechtsabteilung eigene strategische Ziele. Bei der Einführung eines Vertragsmanagement-Systems kann eine geplante *„in-housing-Strategie"* eine wichtige Rolle spielen. Sind bei der Prüfung und Überarbeitung von Verträgen durch externe Kanzleien hohe Kosten aufgelaufen und plant man dies nun künftig kostengünstiger durch hauseigenes Personal zu bewältigen, können diese neu geschaffenen Personalressourcen bei der Schaffung eines Vertragsmanagement-Systems berücksichtigt werden.

5.3   Operativer Fokus

Die angestellten strategischen Vorüberlegungen sind noch nicht ausreichend, um die erforderlichen vorbereitenden Maßnahmen vollumfänglich zu erfüllen. Auch der operative Teil der späteren Umsetzung bedarf eingehender Betrachtung im Voraus (vgl. Abb. 5.1 *„Strategische und operative Vorbereitung"*).

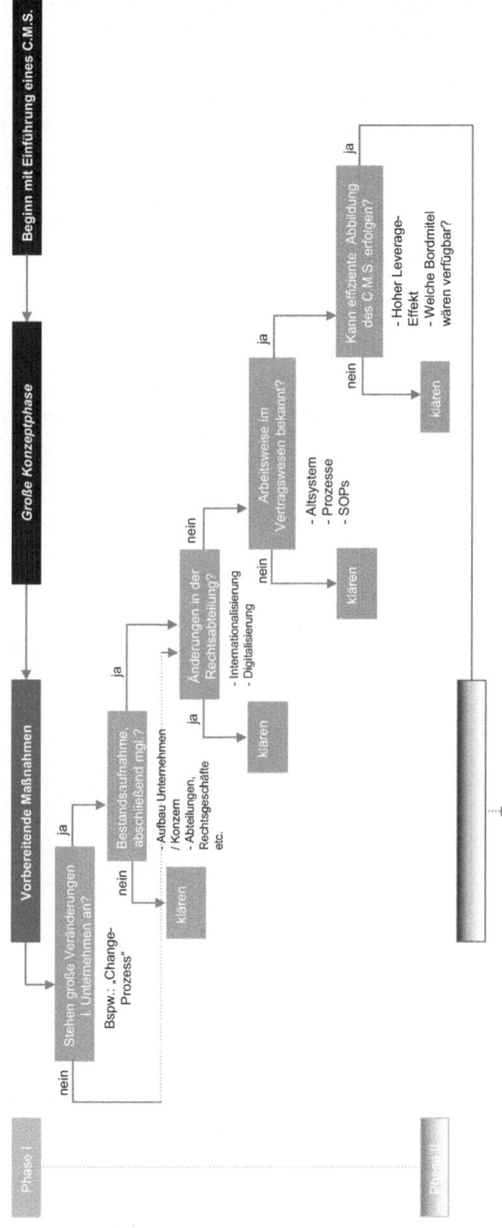

Abb. 5.1 Strategische und operative Vorbereitung

Zur Erinnerung: Der Aufbau eines Vertragsmanagement-Systems erfordert zunächst keine Digitalisierung (Ritter 2016, S. 52). Vielmehr zeichnet sich gutes Digitalisierungs-Handwerk dadurch aus, dass eine ordentliche planerische Phase (bspw. wie hier beschrieben) vorangegangen ist und dadurch ein konzeptioneller Fortschritt erzielt wird, der signifikante Mehrwerte für das Unternehmen identifiziert (Saliba 2018, S. 198.). Vor diesem Hintergrund ist es sehr wichtig sich vor Augen zu führen, wie angedachte Maßnahmen in einem Vertragsmanagement-System (ohne Software-Unterstützung) zumindest vorerst umgesetzt werden sollen. Ohne Software-Unterstützung sollte der Fokus auf der Optimierung des Vertragswesens durch kleine Maßnahmen liegen, die eine große Wirkung herbeiführen. Es gilt mit Blick auf das aufzusetzende Vertragsmanagement den *„Leverage-Effekt"* hochzuhalten – sprich mit kleinen Maßnahmen eine große Wirkung zu erzielen. Bei der Verwendung von Bordmitteln, die ohnehin in den meisten Unternehmen vorhanden sein dürften (Excel, PowerPoint, Word), ist eine solche Wirkung ohne Weiteres gegeben.

Realisierung 6

Erst jetzt, nachdem der Umsetzungsmaßstab bestimmt und die Art der Umsetzung grundsätzlich festgelegt ist, geht es an den konkreten Teil der Planung und den Aufbau eines Vertragsmanagement-Systems.

6.1 Konkrete Planung

Der Aufbau eines Vertragsmanagement-Systems wird – freilich in Abhängigkeit zur Größe der Organisation – bis auf wenige Ausnahmen nicht durch nur eine Person gestemmt werden können. Es macht Sinn von vornherein mehrere Personen zu bestimmen, die das anstehende Projekt begleiten. Ist das Projekt in der Rechtsabteilung eines Unternehmens aufgehängt, dürften sich dort auch schon mehrere Wissensträger identifizieren lassen. Das installierte Projektteam wird eine ganz entscheidende Rolle bei der dann anstehenden Bestandsaufnahme spielen. Daher macht es außerdem Sinn, das Projektteam (gerade in der Anfangsphase) regelmäßig zusammenkommen zu lassen. Die Etablierung eines Jour fix sollte von einer Agenda mit nachfolgenden Inhalten begleitet und die diskutierten Inhalte sollten protokolliert werden. Die Abarbeitung der festgehaltenen To-dos wird eine entscheidende Rolle bei zeitigen Projektumsetzung spielen. Gerade im Bereich der Verträge droht man anderenfalls immer wieder vom Tagesgeschäft *überholt* zu werden.

Wie in Kap. 4 erwähnt, existiert bereits irgendeine Form von Vertragsmanagement. Eine der ersten Aufgaben für das Projektteam lautet daher Informationen um dieses (in der Regel ungeordnete und überwiegend dezentralisierte) Management zusammenzutragen. Zu den einzusammelnden Informationen zählen insbesondere

© Springer Fachmedien Wiesbaden GmbH, ein Teil von Springer Nature 2019   17
J. L. Saliba, *Vertragsmanagement,* essentials,
https://doi.org/10.1007/978-3-658-27287-6_6

- im Unternehmen bestehende Ablagesysteme (häufig in Form von Windows-Ordner-Strukturen, gegebenenfalls auf zentralen Laufwerken); dabei auch nach klassischen Ordner-Systemen recherchieren (Hard-Copy-Sammlungen sind in den meisten Unternehmen keine Ausnahme)
- Abteilungen, die Umgang mit Verträgen haben und unter Umständen selbst Vorlagen und aktive Verträge verwalten
- Abteilungen, die aus regulatorischen Gründen verpflichtet sind, Verträge abzuschließen – dies kann im Rahmen einer möglichen Priorisierung von grundlegender Bedeutung sein
- Identifikation bestehender Abstimmungsprozesse rund um einzelne Vertragsarten
- einen sehr wichtigen Anhaltspunkt können dabei interne Richtlinien in Form von SOPs *(Standard Operation Procedure)* oder VAs *(Verfahrensanweisungen)* bieten; die beim Aufbau eines Vertragsmanagement-Systems i. d. R. auch weiterhin zu berücksichtigen sind (Abschn. 7.1)

Unter Berücksichtigung der strategischen Vorüberlegungen und der eingesammelten Informationen können erste Bereiche konkret ausgestaltet werden. Erfahrungsgemäß bedürfen zwei Bereiche aus dem noch zu entwickelnden Management-System besonderer Aufmerksamkeit: Die Standardverträge und die Abstimmungsprozesse.

So divergierend die Inhalte von gleichartigen Verträgen sind, so breit ist die gestalterische Landschaft, wenn es um das formelle Vertragsdesign geht. Das formelle Design der eigenen Standardvertragsvorlagen näher zu betrachten macht jedoch Sinn. Denn zwischen einem Blanko-Dokument, auf das der pure Vertragstext aufgebracht werden kann und einem überlegten Vertrags-Design können Welten liegen. Die Ausstattung von Vertragstemplates mit Details, die über den Vertragstext hinausgehen (vgl. Abb. 6.1. *„Vertragsdesign"*), hilft der verantwortlichen Abteilung zu erkennen, wann jemand versucht die verabredete Verhandlungsbasis bewusst zu umgehen und hilft damit letztlich die Dokumenten-Compliance zu verbessern. Auf jede nur denkbare Änderung ausführlich einzugehen würde den Rahmen der vorliegenden Darstellung sprengen. Anstellbare Grundüberlegungen sollen gleichwohl illustriert sein (Abb. 6.1. *„Vertragsdesign"*).

Besonderer Aufmerksamkeit bedürfen zudem Abstimmungsprozesse rund um Verträge. Dabei können insgesamt drei Abstimmungskreisläufe unterschieden werden, die prozessual ineinandergreifen:

- Standardvertragsvorlagen
- Interne Abstimmung
- Interne/Externe Abstimmung (= schriftliche Vertragsverhandlung)

(vgl. Abb. 6.2 *„Abstimmungskreisläufe"*).

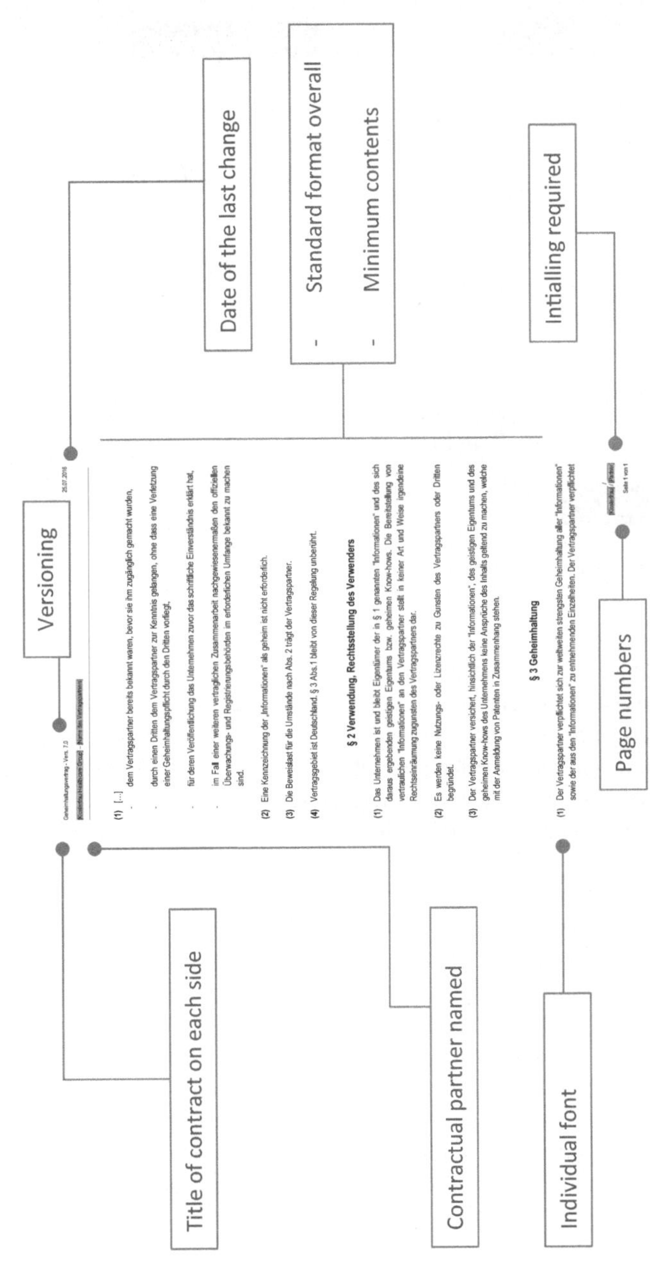

Abb. 6.1 Vertragsdesign

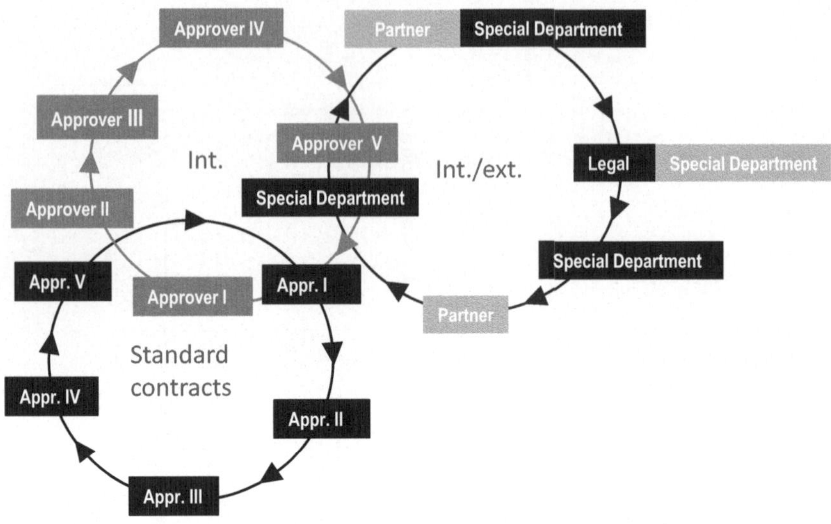

Abb. 6.2 Abstimmungskreisläufe

Selbst dann, wenn es eine in der Rechtsabteilung zentralisierte Standardvertragsvorlagenverwaltung geben soll, dürften in Abhängigkeit zur Branche einige Vorlagen derart stark regulierte Bereiche betreffen, dass zu erwägen ist, jemanden aus der zuständigen Fachabteilung einzubinden, um die Inhalte der Vorlage entsprechend abzustimmen – denn die Fachabteilung wird der Hauptverwender der Vorlage sein. Bei Qualitätsvereinbarungen kann das etwa die Abteilung Quality Management sein.

Je nach Verhandlungsgeschick und/oder Marktmacht kann es einem Unternehmen passieren, dass man auch mit fremden Vertragsvorlagen Vorlieb nehmen muss. Fremde Verträge, auch wenn sie das Gleiche regeln wollen, können völlig anders aussehen als die Verträge, die man im eigenen Hause vorhält. So kann es geschehen, dass die eben erwähnten Qualitätsvereinbarungen in anderen Häusern nicht in einer separaten Vorlage vorhanden sind, sondern mit anderen Vereinbarungen vermengt werden. Die Vermengung von sonst separat geschlossenen Verträgen verändert auch das Abstimmungsprocedere. Je mehr vertragliche Grundlagen vermengt werden, desto mehr Fachabteilungen wären in einem solchen Fall einzubinden. Zwar kann die Frage, welche Abteilung bei (bspw.) welchem Vertragstitel einzubinden ist, nicht pauschal im Voraus beantwortet werden. Organisatorisch sollte dies jedoch Berücksichtigung finden. Ein Vertragsmanagement-System derlei zu gestalten, dass bei Qualitätsverträgen nur die Abteilung Quality Management einzubinden ist, wäre schlichtweg unvollständig.

Technisch sauber ist der Lösungsansatz, der ein Procedere für die typischen Konstellationen vorsieht, ohne sich prozessual darauf zu versteifen. Sprich, es muss jetzt und auch dann, wenn das System digitalisiert werden sollte, möglich bleiben, weitere Fachabteilungen einzubinden, weil die Situation es erfordert. Etwa weil sich umfangreiche Compliance-Regelungen oder Datenschutz-Anforderungen in einem gemischten Vertrag wiederfinden.

Ebenfalls prozessual zu berücksichtigen ist die nicht zu unterschätzende Kommunikation mit dem Vertragspartner. In der Praxis finden Vertragsverhandlungen zumeist schriftlich statt. Es klingt lapidar, jedoch sollte bei mehreren beteiligten Fachabteilungen feststehen, wer aus dem eigenen Hause zu welchem Zeitpunkt mit dem Vertragspartner in Kontakt tritt. Ist das nicht geregelt, verschenkt man unnötig Zeit bei der Suche nach einem Verantwortlichen *(„single point of contact"/„contract owner"/„process owner")* oder schlimmer noch, es werden durch mehrere Beteiligte Verträge auf einem uneinheitlichen (internen) Verhandlungsstand an den Vertragspartner geschickt.

Den Punkt der konkreten Planung abschließend sei noch auf Folgendes hingewiesen: Verträge, und das meint vor allem deren Inhalte, sind nicht von vornherein und in jedem Fall berechenbar. So gut man sich organisatorisch ausrichtet, sollte ein Element dabei niemals fehlen: Mitarbeitertraining. Die Sensibilisierung von Mitarbeiterinnen und Mitarbeitern in grundsätzlichen (materiell-rechtlichen) Vertragsfragen ist für das Heben von Potenzialen in diesem Bereich und damit für den Erfolg einer Vertragsverhandlung von grundlegender Bedeutung. Dieser wichtige Punkt ist im nachfolgend beschriebenen Modell dem Bereich „Controlling" zugeordnet.

6.2 Aufbau des C.M.S

Die vorstehenden Überlegungen greifen Aspekte auf, die für ein geordnetes Vertragsmanagement von grundlegender Bedeutung sind. Ein vollständiges Management-System lässt sich daraus aber noch nicht ableiten. Der sichere und effiziente Umgang mit Verträgen erfordert vielmehr eine ganzheitliche Betrachtung der Lebensphasen, die ein Vertrag, unter Einbeziehung unmittelbar davor und danach liegender Zeitpunkte durchlaufen kann.

Säule 1 (präventiv): Standardvertragsvorlagenverwaltung
Es ist missverständlich, wenn im Zusammenhang mit Vertragsmanagement-Systemen „nur" vom sogenannten *„Life-Cycle-Management"* gesprochen wird, weil die Bezeichnung eine unvollständige Vorstellung vermittelt. Macht man sich klar, was in Bezug auf Standardvertragsvorlagen für Überlegungen angestellt wurden (vgl. Abschn. 6.1) wird deutlich, dass es auch ein „Leben vor dem Leben" eines Vertrags gibt. Ehe ein Vertrag „geboren" beziehungsweise zur geplanten Verhandlung und dem anschließenden Abschluss initiiert wird, muss er als Vorlage erstellt werden. Dabei kann dahinstehen, ob sich der mögliche Vertragspartner oder das eigene Haus der Erstellung annimmt – Verträge werden jedenfalls regelmäßig nicht von Grund auf neu erstellt. Es wird auf Vorlagen zurückgegriffen. Diese Vorlagen wollen (folgt man den obigen Vorüberlegungen) in einer bestimmten Weise, inhaltlich wie formell abgestimmt, zentral verwaltet und bei Bedarf aktualisiert werden. Je nach Unternehmen, je nach Branche und je nach strategischer Ausrichtung der Rechtsabteilung in diesem Gebiet hält man eine nicht unerhebliche Zahl von Verträgen vor. Folgende Fragen sollten beantwortet werden, wenn die Vorlagen einem zentralen System zugeführt werden sollen:

- Wer bearbeitet wann welchen Teil welcher Vorlage?
- Wie verschafft man sich einen Überblick über die Anzahl der Verträge, ihre Titel und weil der Titel lediglich indizielle Aussagekraft hat, die wesentlichen Inhalte?
- Wer entscheidet wann über welche formellen Änderungen?
- Wer entscheidet wann über welche Inhaltlichen Ausgestaltungen?
  Wegen des bereits angesprochenen AGB-Prüfungsmaßstabs, der in der Regel auch im *„b to b"*-Bereich Anwendung findet, dürfte diese rechtlich-gestalterische Herausforderung eine originäre Aufgabe der Rechtsabteilung sein, sodass dieser Teil des Vertragsmanagements dort angesiedelt sein sollte. Hiermit korrespondierend: Sind die Verträge modular ausgestaltet – sprich, wirkt sich die Änderung einer Vorlage auch auf einige oder alle anderen Vorlagen aus? Das könnte bei verallgemeinerungsfähigen Passagen wie den Schlussbestimmungen der Fall sein.
- Wie wird der Aktualisierungsstatus nachgehalten?
- Wie finden strategische Erwägungen der Rechtsabteilung Eingang in die Vorlagen? Gibt es bspw. eine hohe Update-Frequenz, um die Mitarbeiterinnen und Mitarbeiter anzuhalten, sich stets nach einem aktuellen Template zu erkundigen, ehe Sie ein neues Vertragsverhältnis eingehen?
- Wie wird der bereits angesprochene erste Abstimmungskreislauf praktisch umgesetzt? Gibt es Meetings, in denen die Templates gemeinsam mit Fachabteilungen überarbeitet werden oder finden die Anpassungen über vorhandene (gegebenenfalls digitale) Kollaborations-Werkzeuge statt?

Die Betrachtung und Beantwortung dieser Fragestellungen stellen die erste von drei elementaren Säulen des hier beschriebenen Vertragsmanagement-Systems dar. Noch lange bevor also ein Vertrag zum Zwecke einer Verhandlung abgerufen wird und damit beginnt zu leben, werden nach dem hier beschriebenen Modell die ersten wichtigen Voraussetzungen einer effizienten Vertragsverwaltung geschaffen.

Säule 2 (aktiv): Life-Cycle-Management
Ist ein Vertrag nach vorstehenden Maßgaben (präventiv sorgfältig) erstellt, kann er in Aktion treten, indem er über den Initiierungsprozess aus der Standardvertragsvorlagenverwaltung dem eigentlichen *„Life-Cycle"* zugeführt wird. Das *„Life-Cycle-Management"* lässt sich chronologisch wie folgt beschreiben:

 I. Anpassung der Vertragsvorlage/initiale interne Abstimmung über Änderungen
 II. Übermittlung an Vertragspartner/Rückübermittlung vom Vertragspartner/erneute Abstimmung zwischen beteiligten Abteilungen, bis ein unterschriftsreifes Vertragsexemplar vorliegt

Auf diese beiden Punkte wurde wegen ihrer zentralen Bedeutung schon unter 6.2 eingegangen.

 III. Vertragserfüllung
 IV. (Vertrags-)Controlling

▶ **Bereits in Kap. 3 wurde klargestellt** Verträge werden nicht um ihrer selbst willen geschlossen. Verträge bilden letztlich ab, was die Parteien [...] für [...] realisierbar [...] erachten. [Diese vereinbarten Inhalte wollen] [...] „gelebt" werden. Die geschaffenen vertraglichen Grundlagen bilden dafür nicht nur den rechtlichen Rahmen, sondern auch eine Art Handlungsanleitung für die geschäftliche Beziehung [...].

Aus den geschaffenen vertraglichen Grundlagen ergeben sich mithin Rechte und Pflichten für beide Seiten. Es liegt auf der Hand, dass sich bei der Vielzahl der geschlossenen Verträge nicht jeder Mitarbeiter jeder nur erdenklichen Pflicht und jedes nur erdenklichen Rechts aus einem Vertrag fortwährend bewusst ist. Rechte und Pflichten gehen i. d. R. auch mit vertraglich vereinbarten oder gesetzlich vorgesehenen Fristen einher.

Übersicht

Aus einem Vertriebsvertrag können sich mehrere Laufzeiten ergeben. Dies können sein:

- Gesamte Laufzeit des Vertrags
- Zeitliche Beschränkung der Berechtigung zum Vertrieb für ein bestimmtes Gebiet
- Zeitliche Beschränkung der Berechtigung zum Vertrieb für ein bestimmtes Produkt oder eine bestimmte Produktgruppe
- Preisbindungsphase
- Fristen betreffend Mitteilungspflichten (etwa vor Kündigung, vor Preisverhandlungsverlangen, bei Wechsel der Kontrollverhältnisse im Unternehmen [„Change of Control"] etc.)

Wie will man diese Fristen einhalten, wenn es kein System im Hause gibt, das einen an eben jene Fristen erinnert? Auf welche Weise behält man den Überblick über mehrere aktive Vertragsverhältnisse mit eben solchen Fristen? Anders als in den Vereinigten Staaten, wo es völlig selbstverständlich ist vertragliche Grundlagen auch als Leitfaden für die Geschäftsbeziehung anzusehen, wächst in Deutschland ein solches Bewusstsein in Bezug auf Verträge gerade erst heran.

Dies ermöglicht einen weiteren wichtigen Baustein im Rahmen des *„Life-Cycle-Managements":* das Vertragscontrolling. Mit voranschreitender Digitalisierung wächst auch die Zahl der unmittelbaren und mittelbaren Überwachungs- und Sensibilisierungsmöglichkeiten rund um Verträge. Seien es sichere Möglichkeiten der Speicherung und effiziente Möglichkeiten der Recherche (etwa durch *„Optical Character Recognition"*), (teil- oder voll-)automatisierte Fristenkontrolle, Mitarbeiter-Trainings oder flächendeckende Kommunikationsmöglichkeiten innerhalb der Belegschaft. All diese Aspekte sollten in einem effizienten Vertragsmanagement-System Berücksichtigung finden, und zwar auch unabhängig von einer etwaigen Digitalisierung.

Jedes noch so gute Ablage-System würde für die Mitarbeiterinnen und Mitarbeiter wenig Sinn machen, wenn sie nicht auch vom qualitativ stark anwachsenden Datenbestand profitierten, indem sie adäquate Recherchemöglichkeiten erhielten. Jede noch so gut verhandelte Frist zöge die Gefahr der Säumnis nach sich, wenn sie nicht eingehalten würde. Rechtlich gut gestaltete Vorlagen ergäben nur eingeschränkt Sinn, wenn Mitarbeiterinnen und Mitarbeiter die

Inhalte gar nicht verstünden oder nicht wüssten, worauf sie sich konzentrieren sollten, wenn mal die Vorlage des potenziellen Vertragspartners Verhandlungsgrundlage sein soll. Die Einführung eines Vertragsmanagement-Systems verkäme zu einem ansehnlichen Zeitvertreib und der Erfolg bliebe fraglich, würde man die Nutzung des Vertragsmanagement-Systems nicht zu einer Verpflichtung erklären (dazu mehr in Kap. 7).

Säule 3 (reaktiv): Auffangplanung

Trotz aller Systematisierungs-Ansätze und jedem noch so starken Willen zu mehr Sorgfalt im Umgang mit Verträgen, sind Fehler im Umgang mit ihnen kaum vermeidbar. Die dritte Säule befasst sich daher nicht abermals mit der Frage, wie Fehler von vornherein vermieden werden können (dazu vgl. bereits Säule 1) oder wie der ordnungsgemäße Umgang mit Verträgen aussehen sollte (dazu schon Säule 2). Es geht um die sogenannte reaktive Auffangplanung.

Ein (vollständiges) Vertragsmanagement-System sollte auch den „nicht-optimalen" Zustand berücksichtigen. Was tun, wenn komplexe Vertragsverhältnisse zutage treten, die eine Fülle an Fehlern offenbaren? Wie kann Unterlagenvollständigkeit auf schnellstem Wege gewährleistet werden? Ist es möglich, sich in wenigen Schritten eine Art Report über die relevanten Informationen zusammenzustellen?

Eines dürfte im Falle eines Konfliktes nicht von Interesse sein – epische Rechtsgutachten, die dann in die jeweiligen Fachbereiche kommuniziert werden. Selbst, wenn die Sprache der Juristen dort verstanden und die richtigen Schlüsse daraus gezogen werden, zeitaufwendig und damit wenig pragmatisch bleibt ein solches Vorgehen allemal. Selbst einfache Fragestellungen können eine heftige Komplexität der Antworten verursachen.

Beispiel

Der für ein Vertragsverhältnis zuständige Mitarbeiter stellt sich die Frage, ob ein Vertrag kündbar ist. Die etwas nebulöse Regelung aus dem Vertrag, die diese Frage beantworten könnte, wird an die Rechtsabteilung adressiert. Diese muss feststellen, dass die Kündigung des angesprochenen Vertrags möglich ist, wenn zuvor sieben andere Verträge gekündigt werden. Alle acht Verträge verweisen mit komplizierten Klauseln aufeinander und bedingen sich gegenseitig.

Wenig brauchbar wären nunmehr acht Kurzgutachten, die diese Frage letztlich beantworten. Es macht Sinn, an dieser Stelle mit Übersichten zu arbeiten. Das Ergebnis ließe sich praxisgerecht schnell kommunizieren, wenn solche Übersichten, in die man die nötigen Informationen einarbeiten könnte, bereits vorhanden wären.

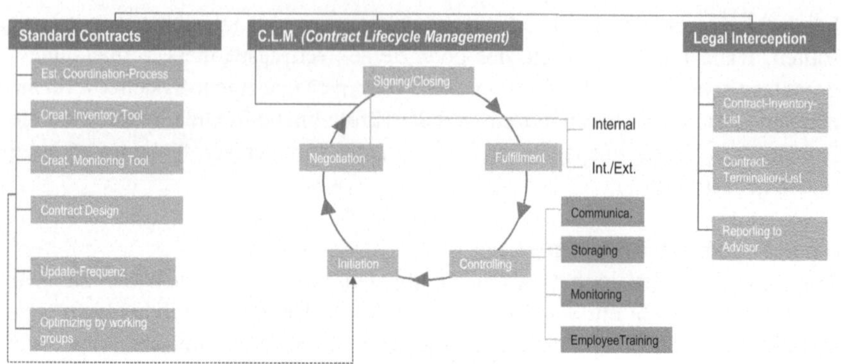

Abb. 6.3 Vertragsmanagement nach 3-Säulen-Modell

Aus den beschriebenen Säulen lässt sich ein ganzheitliches Drei-Säulen-Modell für ein Vertragsmanagement-System ableiten (vgl. Abb. 6.3 „*Vertragsmanagement nach 3-Säulen-Modell*"). Losgelöst von Branche und Unternehmensgröße dürfte das Modell eine Fülle von Grundfragestellungen aufgreifen, die einer Beantwortung bedürfen. Das „Ob" der einzelnen Elemente steht folglich nicht infrage. Das „*Wie*", also die konkrete Ausgestaltung der einzelnen Bausteine, ist hingegen von vielen Details abhängig und bedarf einer sorgfältigen Betrachtung des Unternehmens, welches plant ein derartiges Vertragsmanagement-System einzuführen, der Branche, in der es tätig ist und der Vertragsverhältnisse, die es für gewöhnlich eingeht.

Vertragsmanagement im Unternehmen 7

Wer ein Vertragsmanagement-System in einem Unternehmen einführen möchte, kann sich nicht damit begnügen, auszurufen, er habe ein entsprechendes Modell entwickelt oder gar ein ganzes Konzept verfasst. Wie in Abschn. 5.1 bereits erwähnt, bildet die Rechtsabteilung ein Zahnrad von vielen innerhalb eines komplexeren Gebildes. So stellt auch das Vertragswesen innerhalb der Rechtsabteilung lediglich einen Teil der Organisation dar. Die Etablierung eines diesen Bereich begleitenden Management-Systems erfordert die Berücksichtigung der unter Kap. 5 aufgeworfenen Gesichtspunkte.

Für die organisatorische Realisierbarkeit eines Vertragswesens, das in einer Rechtsabteilung aufgehängt sein soll, macht es einen Unterschied, ob eine Rechtsabteilung personell breit oder eher schmal aufgestellt ist *(„in-housing")* und unter welchen Voraussetzungen Verträge mit der Rechtsabteilung abgestimmt werden sollen.

Beispiel

Stellen Sie sich vor, dass bei vertraglichen Angelegenheiten die Notwendigkeit zur Rücksprache mit der Rechtsabteilung anhand eines einzigen Kriteriums entschieden wird – dem monetären Vertragswert. Es macht einen erheblichen Unterschied, ob Sie diesen bei 20tsd. EUR ansetzen oder erst bei 250tsd. EUR. Regeln Sie diesen Umstand gar nicht, liegt der Wert de facto bei 0.- EUR und jeder Vertrag würde bei sonst gleichbleibenden Rückspracheverpflichtungen mit der Rechtsabteilung abgestimmt.

Es dürfte außer Frage stehen, dass dieser Aspekt geklärt werden muss. Ebenso wenig war Teil der bisherigen Modell-Beschreibung, wer das eingeführte System wann nutzen muss. Weder diese Punkte noch die beschriebenen Säulen des Vertragsmanagement-Systems sind in irgendeiner Form an die Verwender von Verträgen kommuniziert.

© Springer Fachmedien Wiesbaden GmbH, ein Teil von Springer Nature 2019 27
J. L. Saliba, *Vertragsmanagement,* essentials,
https://doi.org/10.1007/978-3-658-27287-6_7

7.1   Standard Operating Procedure (SOP)

Soll die Nutzung des eingeführten Systems eine Pflicht für die Mitarbeiterinnen und Mitarbeiter darstellen, muss diese Nutzung für gewisse Fallgestaltungen zur Pflicht erhoben werden. Es bietet sich an, die vorstehenden, bislang ungeklärten Fragen und die Verpflichtung von Mitarbeiterinnen und Mitarbeitern zur Nutzung des Systems in einer SOP festzuhalten. Diese und mögliche weitere Inhalte einer SOP zum Vertragswesen sollten nachvollziehbar strukturiert werden (vgl. Tab. 7.1 „Mögliche Inhalte einer das Vertragswesen steuernden SOP").

7.2   Vertragswesen als Bereich

Bislang wurden diverse Elemente eines Vertragswesens beschrieben, ohne diese in eine ganzheitliche Beziehung zueinander zu setzen. Eine Abhängigkeit der einzelnen Bausteine ist jedoch ohne Zweifel gegeben (vgl. Abb. 7.1 *„Konzeptionelle Struktur: Division Vertragswesen"*). Sie lassen sich zusammenfassend in einer Art Divisions- oder Konzepthaus beschreiben. Denn die Gesamtbetrachtung ergibt, dass es sich bei den ineinandergreifenden Elementen um eine Art Arbeitsbereich handelt.

Nach dem hier beschriebenen Konzept bildet dabei die eben beschriebene SOP das Fundament. Diese beschreibt nicht nur, worum es geht. Sie nennt auch die Adressaten der Division „Verträge". Inhaltlich kongruent zu dem entsprechenden Abschnitt in der SOP bildet das hier beschriebene 3-Säulen-Modell den prozessual-organisatorischen Rahmen. Aus der Division *„Verträge"* gibt es insgesamt dreierlei an produktivem Output in Richtung der Mitarbeiterinnen und Mitarbeiter:

- Standardverträge (die in der Division erstellt, verwaltet und zur Verfügung gestellt werden)
- Beratung (in Form von Vertragsbearbeitungen, telefonischen und persönlichen Briefings etc.)
- Schulungen (Sensibilisierung der Mitarbeiter in materiell-rechtlichen Fragestellungen)

Das bedeckende Dach, auf das nachstehend näher eingegangen wird, bildet das das Vertragswesen digitalisierende Software-Tool, das man ergänzend zum Einsatz bringen kann.

Tab. 7.1 Mögliche Inhalte einer das Vertragswesen steuernden SOP

		Möglicher Inhalt	Gegebenenfalls ergänzende Anmerkungen
1	Zweck dieser SOP	*[…] grundsätzliche Zuständigkeiten und die Vorgehensweise für das Erstellen, Bearbeiten, Verhandeln und Überwachen von Verträgen, damit die mit Verträgen befassten Mitarbeiter ihre Verantwortungen und die daraus entstehenden Aufgaben erkennen und danach handeln können*	Beschreibung der Zielsetzung der SOP
2	Betrieblicher (räumlicher) Geltungsbereich	*Diese SOP ist gültig für alle Mitarbeiter nachfolgend aufgeführter Firmen*	Gerade in konzernrechtlich organisierten Unternehmensstrukturen ist es wichtig die Adressaten zu benennen
3	Zuständigkeiten, Definition eines Vertragsverhältnisses	*Die vorliegende SOP gilt für alle Vertragsverhältnisse, die seitens Unternehmen der XY-Gruppe untereinander oder mit Dritten/anderen Unternehmen eingegangen werden* • *Adressaten der vorliegenden SOP (persönlicher Anwendungsbereich)* • *Definition eines Vertrags(-verhältnisses) (sachlicher Anwendungsbereich)*	Dieser Abschnitt hat eine zentrale Bedeutung für das Vertragswesen. Er regelt letztlich, worauf sich das Unternehmen in vertraglichen Angelegenheiten mit welchem Sorgfaltsmaßstab konzentrieren möchte
4	Durchführungsbeschreibung	Ebenso wichtig wie die vorangegangenen Abschnitte ist dieser, der das Procedere beschreibt und dafür die Spielregeln im eigenen Hause festlegt, nach denen sich die Mitarbeiterinnen und Mitarbeiter dann zu richten haben	
		Erfordernis eines ausführlichen Vertrags	Verträge werden oftmals per E-Mail, mündlich oder rudimentär geschlossen. Das kann unterschiedliche Gründe haben. Häufig ist eine solche Vorgehensweise jedoch einem knappen Zeitbudget geschuldet. An dieser Stelle kann ein Unternehmen das Erfordernis zum Abschluss eines ausführlichen Vertrags statuieren, bspw. weil bestimmte Bereiche besonders haftungsträchtig sind

(Fortsetzung)

Tab. 7.1 (Fortsetzung)

	Möglicher Inhalt	Gegebenenfalls ergänzende Anmerkungen
	Grundsätzliches zum Umgang mit Verträgen (Process-Owner, Eigen- und Fremdvertragsvorlagen, Unterlagenvollständigkeit, Zeichnungsberechtigung, …)	Aus diesem Unterabschnitt sei der Punkt des Process-Owners hervorgehoben. Die Verantwortung für Verträge wird nur selten freiwillig übernommen. Daher dürfte diese Fragestellung in nahezu jedem Unternehmen regelungsbedürftig sein. Denn die Verwaltung vertraglicher Vorgänge ist regelmäßig nicht nur fachlich artfremd zur Tätigkeit der jeweiligen Abteilung (mit Ausnahme der Rechtsabteilung und/oder Personalabteilung), sondern auch zeitlich belastend
	Umgang mit Standardverträgen	Verwaltung von Standardverträgen, Änderungswünsche betreffend Standardvertragsvorlagen, Änderungen in Standardverträgen im Rahmen von Vertragsverhandlungen, etc.
	Initiierung, Bearbeitung, Verhandlung und Verwaltung von Vertragsverhältnissen (Initiierung von Vertragsverhältnissen, Rücksprache mit der Rechtsabteilung, Rücksprache und Einbindung weiterer Fachabteilungen, *Verhandlung von Verträgen mit dem potenziellen Vertragspartner, Abschluss/Unterzeichnung, Durchführung und Erweiterung von Vertragsverhältnissen, Überwachung von Vertragsverhältnissen, Beendigung von Vertragsverhältnissen…)*	Für die inhaltliche Qualität und damit für die Rechtssicherheit von Verträgen ist es von entscheidender Bedeutung, dass relevantes Wissen aus den jeweiligen Bereichen zusammengetragen wird An dieser Stelle kann in einer SOP geregelt werden, wann die Rechtsabteilung einzubinden ist, aber auch wann andere Fachbereiche hinzugezogen werden müssen

(Fortsetzung)

Tab. 7.1 (Fortsetzung)

		Möglicher Inhalt	Gegebenenfalls ergänzende Anmerkungen
5	Mitgeltende Unterlagen, Literatur und Anmerkungen	• *Mitgeltende Unterlagen, etwa weitere SOPs etc.* • *Literaturhinweise* • *Sonstige Anmerkungen*	Neben dieser SOP gibt es häufig weitere, spezielle SOPs (bspw. für spezifische Vertragsarten), die einer Involvierung in dieses Regelwerk bedürfen Ein Verweis auf eine Basisliteratur, bspw. einen hauseigenen Reader o. ä., der dieser SOP zugrunde liegt, sollte vorgenommen werden, wenn die ergänzende Lektüre für sinnvoll erachtet wird
6	Dokumentation	*Gegebenenfalls selbst auferlegte Dokumentationspflicht und damit einhergehende Fristen*	Regelmäßig abzugleichen mit gesetzlichen Aufbewahrungsfristen und solchen, die aus dem Bereich „*Quality*" stammen könnten
7	Änderungsdienst	*Änderungen betreffend die SOP*	Aktualisierungen sollten hier festgehalten werden; zumindest solange keine validierte digitale Methode existiert
8	Verteiler	*An wen soll die SOP verteilt werden?*	Der Adressatenkreis kann vom Verteilerkreis abweichen
9	Anlagen	*Wichtige Anhänge, Beispiele aus der Praxis, mittels derer etwas verdeutlicht werden soll*	Hier sollte nicht um jeden Preis jede denkbare Anlage angehängt werden, sondern nur solche, die auch Erwähnung in der SOP selbst finden und ohne die die SOP aus sich heraus nur schwer verständlich wäre

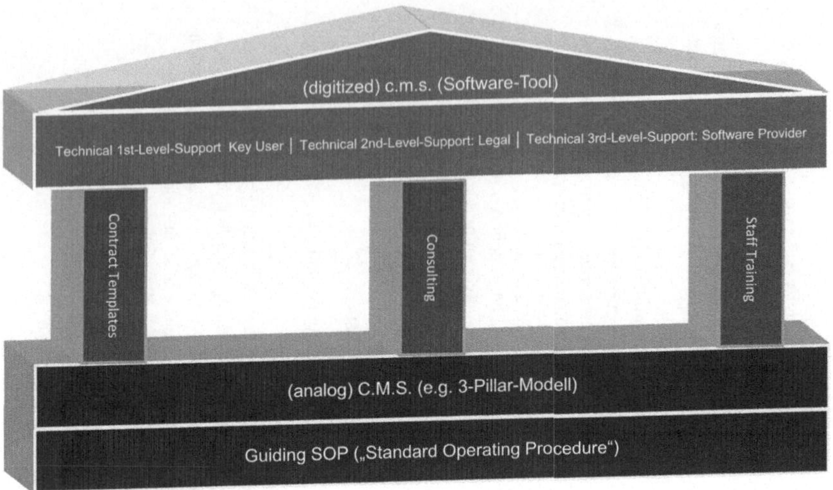

Abb. 7.1 Konzeptionelle Struktur - Division Vertragswesen

7.3 Digitalisierung des Vertragsmanagement-Systems

Das unter Abschn. 6.2 beschriebene 3-Säulen-Modell beleuchtet und systematisiert wichtige Aspekte des Vertragswesens, die für einen geordneten Umgang mit Verträgen von zentraler Bedeutung sind. Alle beschriebenen Säulen sind von Prozessen und Kommunikation geprägt. Geordnete Prozesse und geordnete Kommunikation schaffen gegenüber dem sonst ungeordneten Umgang mit Verträgen einen enormen betriebswirtschaftlichen Ertrag (vgl. dazu bereits 4.2). Dieser lässt sich noch steigern. In allen innerhalb des 3-Säulen-Modells beschriebenen Bereichen liegen enorme Potenziale, die sich noch stärker heben lassen. Schon die Kommunikation rund um die Verträge offenbart einen signifikanten zeitlichen Aufwand.

> **Beispiel**
>
> Man führe sich ein Telefonat vor Augen, in dem zwei Mitarbeiter sich zu einem Vertrag austauschen. Vor dem Hintergrund, dass sie regelmäßig mit gleichen, teils denselben Vertragspartnern und Vertragsgegenständen zu tun haben, muss die Bestimmung des Gesprächsgegenstands durch diverse Kriterien eingegrenzt werden, bspw.: Datum, genauere Beschreibung der Beauftragung,

gegebenenfalls Bezug zu einem Rahmenvertrag etc. Der Einstieg zum besagten Austausch kann viele Sekunden bis Minuten in Anspruch nehmen. Das klingt wenig?

Nicht dann, wenn man sich vor Augen führt, dass dies in Meetings, Telefonaten, E-Mails etc. stets der Fall ist, durchschnittlich mehr als zwei Mitarbeiter an einer Vertragsgestaltung beteiligt sind und jeder Vertrag Gegenstand diverser Verhandlungsrunden sein kann, ehe er zur Unterzeichnung gelangt. Multipliziert man dies mit der Anzahl der Verträge, die in einem Unternehmen anfallen, kann dies je nach Unternehmensgröße und Branche einen zeitlichen Aufwand von einigen hundert bis einigen tausend Personentagen pro Jahr bedeuten.

Dies ließe sich durch systemisch vergebene Vertragsnummern umgehen. Statt eines aufwendigen Einstiegs würden sich die Mitarbeiter einige wenige Ziffern zurufen und es wäre allen Beteiligten völlig klar, um welchen Vertrag es sich handelt.

Aber auch alle anderen Bereiche beziehungsweise Bausteine, die im 3-Säulen-Modell beschrieben wurden, lassen sich durch ein passendes Software-Tool optimieren. Die hier beschriebene Vorgehensweise zieht einen konzeptionellen Fortschritt nach sich, welcher einem die Auswahl eines adäquaten Tools erleichtert.

Denn mit dem beschriebenen 3-Säulen-Modell (in solcher oder einer ähnlichen, für das suchende Unternehmen passenden Form) existiert nunmehr eine Art Anforderungskatalog (Saliba 2018, S. 197 ff.), mittels dem man in der Lage ist, einem möglichen Software-Provider mitzuteilen, was seine Software können muss.

C.M.S.-Systeme im Kontext anderer Management-Systeme   8

Im Heben von unmittelbaren wie mittelbaren monetären Potenzialen durch ein Vertragsmanagement steckt gleichzeitig die Vermeidung von Risiken. In der vorliegenden Darstellung wurden Risiken in Form vertraglicher wie gesetzlicher Rechte und Pflichten angesprochen, die es wahrzunehmen und einzuhalten gilt. Die Wahrnehmung dieser Rechte und die Einhaltung dieser Pflichten erfordert mitunter die Einführung weiterer Management-Systeme (zur Verknüpfung mit anderen Management-Systemen vgl. Abb. 8.1 *„Verzahnung des Vertragsmanagements"*). Dies kann darin begründet liegen, dass das Vertragswesen nur einen Teil der nötigen Informationen bereitstellt und nur einen Teil der nötigen Organisation abdeckt.

> **Beispiel**
>
> Aus einem Vertrag kann gegebenenfalls die Information gewonnen werden, ob die Erhebung, die Speicherung oder die Verarbeitung personenbezogener Daten zum Gegenstand der Geschäftsbeziehung werden könnte. Gegebenenfalls kann in einem Vertragsmanagement-System der erforderliche Vertrag zur Auftragsdatenverarbeitung eingesehen werden.
>
> Im Vertragsmanagement-System hingegen nicht richtig aufgehoben wäre das von der Europäischen Datenschutzgrundverordnung verlangte Verarbeitungsverzeichnis.

Ähnlich wie am Beispiel des Datenschutzes gezeigt, verhält es sich mit anderen Management-Systemen im Unternehmen, so beispielsweise im Bereich der Compliance. In Bereichen, in denen gesetzlich Verträge gefordert werden, lässt sich eine vertragliche Compliance im Vertragsmanagement-System nachhalten. Die Einhaltung etwaiger Prozesse, das Vorhandensein eines Compliance-Komitees, die Aktualität der dem Compliance-Management-System zugrunde liegenden SOP etc. hingegen nicht.

© Springer Fachmedien Wiesbaden GmbH, ein Teil von Springer Nature 2019   35
J. L. Saliba, *Vertragsmanagement,* essentials,
https://doi.org/10.1007/978-3-658-27287-6_8

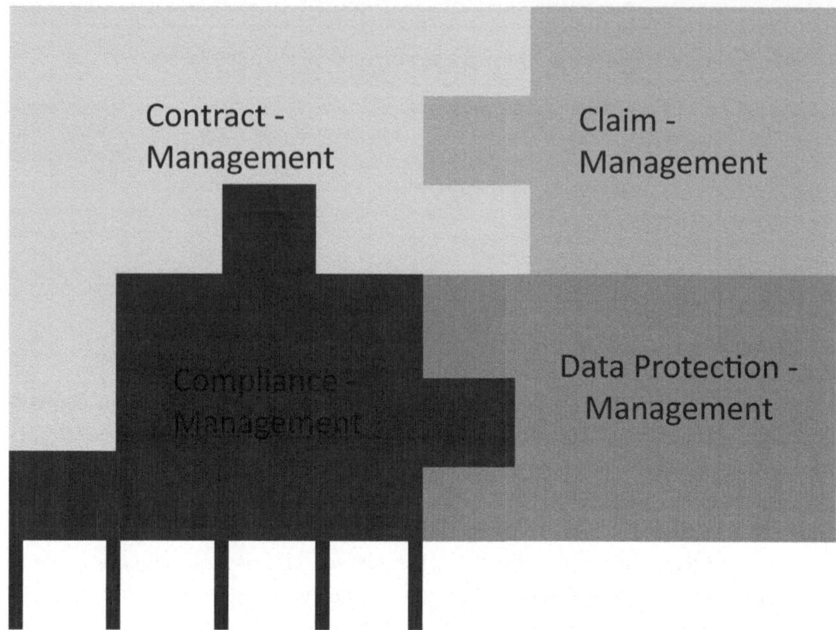

Abb. 8.1 Verzahnung des Vertragsmanagements

Soweit vorhanden, sollte das Claim-Management mit dem Vertragsmanagement-System verbunden werden. Denn die Basis für etwaige Claims stellen regelmäßig die im Vertragsmanagement-System verwalteten vertraglichen Grundlagen dar.

▶ Das Vertragsmanagement ist somit ein Baustein in einem komplexeren Gebilde diverser Risikomanagement-Systeme, die in unterschiedlichsten Bereichen angesiedelt sein können.

Was Sie aus diesem *essential* mitnehmen können

- Argumentative Hilfe für die Rechtfertigung eines Vertragsmanagement-Systems
- Strategische Denkanstöße und ein Fahrplan für die Umsetzung
- Strukturierungsvorschlag für ein Vertragswesen
- Erwägungen zur Anbindung des Vertragsmanagement-Systems an andere Bereiche eines Unternehmens

© Springer Fachmedien Wiesbaden GmbH, ein Teil von Springer Nature 2019   37
J. L. Saliba, *Vertragsmanagement*, essentials,
https://doi.org/10.1007/978-3-658-27287-6

Literatur

Brauweiler, Hans-Christian. 2015. *Claimmanagement – Eine einführende Darstellung.* Wiesbaden: Springer Gabler.

Heinrich, Lutz J., René Riedel, und Dirk Stelzer. 2014. *Informationsmanagement – Grundlagen, Aufgaben, Methoden*, 11. Aufl. München: Oldenbourg Wissenschaftsverlag.

Heussen, Benno. 2014. Funktion und Bedeutung der Verträge im Rechtssystem. In *Handbuch Vertragsverhandlung und Vertragsmanagement*, 4. Aufl., Hrsg. Benno Heussen und Gerhard Pischel. Köln: Schmidt.

Kähler, Lorenz. 2014. Vertragsmanagement in transnationalen Unternehmen. In *Transnationales Recht*, Hrsg. Gralf-Peter Callies. Tübingen: Mohr Siebeck.

Rack, Manfred. 2013. Die Organisationspflicht nach höchstrichterlicher Rechtsprechung. *Compliance-Berater* 2013 (5): 191–194.

Ritter, Franziska. 2016. Vertragliche Nebenpflichten beim Vertragsmanagement, Europäische Hochschulschriften Recht. Frankfurt a. M.: Lang und Internationaler Verlag der Wissenschaften.

Saliba, Jean. 2018. Einführung eines konzernweiten und zentralen Vertragsmanagement Systems. *Legal Revolution* 2018:197–203.

Wannewetsch, Helmut. 2013. *Erfolgreiche Verhandlungsführung in Einkauf und Logistik, Praxisstrategien und Wege zur Kostensenkung – für Einkauf, Logistik und Vertrieb*, 4. Aufl. Wiesbaden: Springer Vieweg.

© Springer Fachmedien Wiesbaden GmbH, ein Teil von Springer Nature 2019   39
J. L. Saliba, *Vertragsmanagement*, essentials,
https://doi.org/10.1007/978-3-658-27287-6